SOCIÉTÉ POUR LA DÉFENSE DU COMMERCE
DE MARSEILLE

Séance de la Chambre Syndicale du 7 Juillet 1897

LES DROITS DE QUAI

RAPPORT

DE LA COMMISSION DU RÉGIME DOUANIER

MARSEILLE

TYPOGRAPHIE ET LITHOGRAPHIE BARLATIER

19, Rue Venture, 19

1897

SOCIÉTÉ POUR LA DÉFENSE DU COMMERCE
DE MARSEILLE

Séance de la Chambre Syndicale du 7 Juillet 1897

LES DROITS DE QUAI

RAPPORT

DE LA COMMISSION DU RÉGIME DOUANIER

MARSEILLE

TYPOGRAPHIE ET LITHOGRAPHIE BARLATIER

19, Rue Venture, 19

1897

SOCIÉTÉ POUR LA DÉFENSE DU COMMERCE DE MARSEILLE

Séances de la Chambre Syndicale des 30 Juin, 2 et 7 Juillet 1897

Au nom de la Commission du Régime douanier (1), il est donné lecture du rapport suivant sur le projet de loi concernant les *Droits de Quai*.

MESSIEURS,

Par deux rapports successifs, l'un en date du 21 février 1896, l'autre en date du 23 février 1897, présentés à votre Chambre Syndicale, nous avons soutenu les divers projets de réforme de la loi du 30 janvier 1872, qui ont été soumis au Parlement dans le sens fondamental de la perception des droits de quai non plus sur la jauge des navires, mais sur le tonnage des marchandises.

Ce n'est pas sans satisfaction que nous avons suivi les progrès de cette question si importante, si vitale, pour les intérêts généraux que nous avons mandat de défendre, car, à mesure que son examen a été plus mûri et plus étendu, elle a rallié plus de suffrages, et l'on peut dire aujourd'hui qu'à de très rares exceptions près tout le monde est d'accord sur le principe, sinon sur les détails de la modification projetée.

La dernière proposition de loi y ayant trait, a été votée par la Chambre des Députés, et viendra prochainement devant le Sénat ; nous avons le ferme espoir que cette Haute Assemblée, si elle y apporte quelques modifications de nuances, la ratifiera dans son essence ; elle ne pourra en tous cas plus prétexter d'une étude trop hâtive, pour la rejeter « de plano ».

(1) Cette Commission était composée de MM. Estrine, L., *président* ; Roussel, Jules, *vice-président* ; Charron, Auguste, *secrétaire* ; Arnaud, L. ; Asquasciati, H. ; Ayguesparses, J. ; Baron, E. ; Bourgogne, J. ; De Chomel, F. ; Fabre, P.-C. ; Fournier, P. ; Fraissinet, A. ; Fulcrand, E. ; Gabelle, A. ; Mante, L. ; Meynadier, E. ; Monod, A. ; Monnier, M. ; Rivoire, J. ; De Pélissot, J.

En effet, les Chambres de Commerce se sont prononcées à peu près unanimement pour la révision, même celles des Ports, qui sont évidemment plus jalouses que celles de l'intérieur des intérêts de l'armement maritime français, et qui n'auraient pas manqué de protester si celui-ci risquait d'être lésé comme certains esprits timorés le proclament.

La Chambre de Commerce de Marseille, après avoir soutenu la même thèse en 1886, 1892 et en 1896, écrivait le 18 mai dernier au Ministère du Commerce une lettre débutant ainsi :

« Tout le monde est d'accord sur les grands défauts que pré-« sente la loi du 30 janvier 1872, tout le monde estime qu'elle doit « être modifiée... »

« *La Chambre de Commerce de Calais* constate que, grâce aux « charges exorbitantes de la loi de 1872, les marchandises fran-« çaises de sa région destinées à l'exportation vont s'embarquer « à Anvers, à Rotterdam et à Hambourg, au grand préjudice de « nos ports nationaux et de notre industrie, les frais de transport « supplémentaires mettant celle-ci dans un état d'infériorité vis-« à-vis des concurrents étrangers... »

La Chambre de Commerce de La Rochelle développe des considérations similaires, et cite le fait du vapeur allemand *Dresden* venant de Bahia, et ayant eu à payer à La Pallice 3110 francs de droits de quai pour 300 tonnes de marchandises, soit plus de 10 francs par tonne, ce qui a déterminé la Compagnie à laquelle appartient ce vapeur à abandonner l'escale de La Pallice, au grand préjudice de ce port et du Trésor.

La Chambre de Commerce de Bordeaux, insiste très énergiquement dans le même ordre d'idées et est complètement d'accord avec nous sur la formule à adopter.

La Chambre de Commerce de Dunkerque a été l'inspiratrice d'un projet analogue, présenté à la Chambre des Députés par l'honorable Monsieur Adam.

L'Algérie se lamente d'autant plus des effets funestes de la loi de 1872, qu'elle a joui pendant de longues années d'un régime d'exception ; notre colonie, en effet, n'a été sous ce rapport assimilée à la Métropole que depuis le 1er janvier 1896, par une disposition de la loi des Finances du 28 décembre 1895.

Jusque là, les bateaux de plusieurs Compagnies étrangères, venant du Nord, et se rendant dans l'Extrême-Orient, trouvant

Alger sur leur route, avaient pris l'habitude de s'y arrêter régulièrement pour y charbonner et y laisser ou prendre de la marchandise. Il en résultait pour notre colonie un avantage sérieux, aujourd'hui perdu.

La Chambre de Commerce du Hâvre se plaint avec une amertume toute particulière, et écrit :

« Aussi, de cet état de choses, et pour nous borner aux der-
« nières statistiques que nous avons sous les yeux, nous retenons
« avec peine :

« Que Dunkerque, de 1894 à 1895, a subi une diminution de
« 85.716 tonneaux tandis qu'Anvers a gagné 340.608 tonneaux ;

« Que le Hâvre, pendant la même période, a subi une diminu-
« tion de 527.078 tonneaux au profit de Southampton ;

« Que Marseille, de 1891 à 1894, a subi une diminution de 970.000
« tonneaux, tandis que Gênes a gagné 864.743 tonneaux. »

La triste éloquence de ces chiffres nous dispense de nous apesantir davantage sur la situation de plus en plus précaire, de plus en plus inquiétante, de nos ports et de notre commerce général.

Quelle doit être la première préoccupation de ceux qui, sans parti-pris, sans arrière-pensée personnelle, sans mesquinerie dans les vues, veulent avant tout la prospérité du pays ?

Rechercher les causes de notre décadence et les moyens les plus efficaces de réagir. Il faut rendre à nos ports l'intensité de leur vie passée, développer leurs transactions, et le travail de leurs ouvriers ; favoriser les grandes industries et le commerce de détail, qui gravitent autour d'eux ; encourager la création de relations nouvelles et régulières avec l'étranger, de façon à ce que nos négociants puissent recevoir, quelle qu'en soit l'importance, des lots de marchandises de tous les points du globe, dont un si grand nombre leur sont aujourd'hui fermés, faute de communications directes.

Pour augmenter notre trafic, la condition essentielle est d'attirer les navires, au lieu de les repousser comme le fait aujourd'hui a loi de 1872.

Il est inutile de signaler ici que les effets de cette loi ont été dans l'application rendus plus désastreux, nous dirions volontiers plus monstrueux, qu'ils ne l'eussent été si l'intention du législateur avait été respectée. Cette intention était d'imposer non pas le navire lui-même, mais la marchandise importée, en exonérant la marchandise exportée, par protection pour les produits de notre industrie nationale.

Aucun doute ne peut subsister sur ce point, si l'on se réfère au discours prononcé, le 29 janvier 1872, à l'Assemblée Nationale, par M. Pouyer-Quertier, Ministre des Finances, duquel nous extrayons le passage suivant :

« En définitive, tout se réduit à une question d'impôt sur les « marchandises importées, et il s'agit d'un droit qui est demandé « aussi bien aux navires étrangers, italiens, anglais, espagnols. « etc., qu'aux navires français ».

Or, qu'a fait l'Administration des Douanes ?

Poussée par des nécessités budgétaires et par son humeur autocratique, elle a faussé l'esprit de la loi en décrétant qu'un navire chargé partiellement, ne débarquant rien, mais faisant des opérations d'embarquement, devait payer intégralement les droits de quai, et que l'exonération prévue pour les exportations devenait lettre morte si le navire n'arrivait pas *sur lest* pour prendre sa marchandise. D'où, dans la pratique, des énormités, et des anomalies étranges.

Nos Chambres de Commerce ont à maintes reprises, mais inutilement, protesté contre l'interprétation administrative, en se fondant sur l'*illégalité* de la perception ainsi établie, véritable prohibition à la navigation d'escales, dont notre commerce a un si impérieux besoin.

Pourquoi en 1872 a-t-on pris la jauge du navire comme base ? Simplement parce qu'il y a vingt-cinq ans, cela revenait pratiquement à peu près au même, et que les inconvénients de ce mode de perception (qui par contre offrait l'avantage d'éviter la constatation du poids) ne pouvaient pas être prévus à cette époque. En effet, le nombre de navires de Commerce était beaucoup moindre qu'aujourd'hui ; ils naviguaient avec moins de concurrence, et, maîtres en quelque sorte de leurs lignes respectives, ils ne s'en détournaient pas pour aller porter dans tel ou tel port étranger des lots relativement faibles de marchandises ; les taux de frets étaient beaucoup plus élevés et rémunérateurs, permettant aux armateurs d'établir leurs calculs avec plus d'ampleur ; enfin, et surtout, le tonnage moyen des navires était infiniment plus réduit, en sorte que la disproportion entre leur jauge et l'importance des lots de marchandises qu'ils pouvaient avoir intérêt à aller débarquer en dehors de leurs itinéraires réguliers n'était jamais bien grande.

Que les choses ont changé depuis lors ! la concurrence, qui est l'âme du commerce, s'est développée dans des proportions extraordinaires; de grands batiments de 3, 4, 5000 tonnes et davantage, sillonnent les mers, prêts à prendre n'importe ou, pour n'importe quelle destination, n'importe quel lot de marchandises, pour peu qu'il leur reste quelque chose sur leur fret, très réduit. Il serait facile de les attirer, ces navires, mais la loi de 1872 se dresse comme une digue infranchissable à l'entrée des ports, et il passent en vue de nos phares, allant porter à d'autres, plus favorisés, les éléments de fortune que nous dédaignons.

Qu'on ne dise pas que nous exagérons la gravité du mal ou l'efficacité du remède. Notre commerce est sans contredit dans un état d'infériorité, et nous perdons chaque jour, du fait du régime en vigueur, maintes occasions de le développer, nos Compagnies maritimes françaises étant notoirement hors d'état d'y suppléer.

Elles se plaignent du manque de fret de sortie, mais que font-elles pour en susciter ?

Malgré les instances les plus vives de l'Etat et des intéressés, nous n'avons pas encore vu créer à Marseille des lignes dont la nécessité s'impose, telles que celles de Bombay et de la côte de Coromandel.

Il est impossible à nos raffineurs d'exporter leurs sucres à Bombay sous pavillon français; il sont obligés de les expédier par voie de Gênes, de Malte, de Londres, etc., procédé peu rapide et peu fait pour développer les transactions !

Pour le Golfe Persique, même situation, et pourtant ce fret, dédaigné par nos armateurs marseillais, représente au moins 15.000 caisses par mois.

Nous sommes privés de communications directes avec le Chili, le Transvaal, Mozambique et une foule de ports de l'Extrême-Orient, dont chacun fournirait un appoint appréciable de marchandises ; les navires étrangers qui les visitent nous les apporteraient volontiers s'ils pouvaient le faire à des conditions acceptables. Mais comment espérer qu'un vapeur anglais de 4 ou 5000 tonneaux, touchant à Penang par exemple, y chargera pour Marseille, ou il pourrait s'arrêter moyennant un très faible déroutement en se rendant à Londres ou à Liveerpool, (le trajet de Port-Saïd à Gibraltar, via Marseille, n'excède que de 282 milles le trajet direct), un lot de 100 ou 200 tonnes de coprahs, si cette escale doit lui coûter 4 ou 5000 francs ! Et dès lors, le coprah, au lieu de s'arrêter chez nous, va directement en Angleterre.

Est-il utile de signaler ici les difficultés qu'éprouvent nos expor-

tateurs même vis à vis de nos Compagnies nationales, et pour les ports régulièrement desservis par elles ? Les vapeurs sont toujours bondés, il faut s'inscrire très longtemps à l'avance : (une importante Usine de notre région, a dû refuser une commande de 2000 tonnes pour le Japon, parce que la Compagnie des Messageries Maritimes exigeait un délai de *10 mois* pour en effectuer le transport !) les taux de frêt sont prohibitifs. et certaines catégories de produits de notre industrie locale, et non des moindres, les huiles par exemple, sont systématiquement et impitoyablement refusées.

Les Compagnies en question ont raison a leur point de vue, et on ne peut certes pas leur faire un crime, puisqu'elles ont le choix des marchandises à transporter, de l'exercer en faveur de celles qui leur conviennent le mieux. Mais le Commerce souffre cruellement de cette situation, et demande avec anxiété qu'il y soit remédié.

Nous voyons presque journellement toucher à Marseille, mais seulement pour y prendre ou y laisser des passagers, des vapeurs qui desservent tant à l'aller qu'au retour les ports de Rangoon, Calcutta, Madras, Bombay, etc..., points avec lesquels nous n'avons aucune autre relation directe, mais nous ne pouvons en profiter, car le moindre lot de marchandises embarqué ou débarqué assujettirait ces paquebots de gros tonnage (4 à 7000 tonnaux) au paiement intégral du droit de quai ! N'est-il pas véritablement enrageant de voir ces occasions manquées, ces éléments de vitalité perdus pour notre port !

Il est incontestable que de nombreuses industries, en France, périclitent faute de moyens de transport direct.

Boulogne, centre très important pour la fabrication du ciment, n'exporte presque rien, tandis que l'on chiffre par centaines de mille barils les quantités de ce produit, de prix et de qualité similaires, chargés à Hambourg et à Anvers.

Hambourg exporte au Cap, au Transvaal et autres pays de l'Afrique Australe, plus de 3.000 tonnes de savon annuellement, contre 50 tonnes expédiées de Marseille, centre le plus important de l'industrie savonnière !

Nous pourrions multiplier les exemples à l'infini, mais à quoi bon. La preuve est. croyons-nous, suffisamment faite que nous gaspillons comme à plaisir une situation commerciale qui a été et qui pourrait être encore si prospère ; nous devons réunir tous nos efforts pour voir refleurir les beaux jours, et, quoi qu'on en ait dit, nous devons savoir tirer parti des avantages exceptionnels de notre position géographique, loin de travailler à nous défendre contre elle.

Avec la nouvelle loi que nous soutenons, la navigation d'escales reprendra son essor, les navires afflueront dans nos ports, et les armateurs français ne tarderont pas à bénéficier, — en dépit des craintes chimériques qui troublent aujourd'hui quelques uns d'entre eux, — des courants commerciaux créés en dehors d'eux et presque malgré eux.

Nous tenons, en effet, à le proclamer bien haut : en nous faisant les défenseurs des intérêts généraux du pays, nous n'avons aucunement la pensée de sacrifier ceux de l'armement maritime, qui a autant de titres à notre sollicitude que toutes les autres branches du commerce et de l'industrie que nous représentons. Nous en avons à maintes reprises témoigné, et nous nous empresserons de le faire encore, notamment lorsqu'il s'agira d'appuyer auprès du Parlement les revendications de la marine marchande, dans la question des primes à la navigation.

L'intérêt pécuniaire que les Compagnies françaises, surtout celles qui font le service de cabotage international, retireraient de la loi nouvelle tombe sous le sens, puisque, sans jamais pouvoir payer plus que sous le régime actuel, elles profiteront d'économies sérieuses dans les moments de pénurie de frêt. Plusieurs armateurs français comprennent si bien cette situation qu'ils sont les premiers à souhaiter la réforme que nous préconisons.

Mais nous avons en outre la conviction absolue que la loi de 1872 est une charge et une entrave pour nos armateurs eux-mêmes, et que ceux-ci ne pourront, en fin de compte, que profiter de l'extension de nos relations commerciales. Les vapeurs étrangers que nous cherchons à attirer auront, en tout état de cause, à supporter les frais d'escales (déroutement, pilotage, courtiers, agents, etc...) dont les nationaux sont exempts ; par conséquent, si ces derniers, malgré l'état d'infériorité de leurs concurrents, ne parvenaient pas à soutenir la lutte, cela ne prouverait qu'une chose, c'est que notre armement souffre d'un mal indépendant de la question en discussion, et dont la modification de la loi de 1872 ne saurait aggraver les causes.

Ce n'est certes pas en comprimant le mouvement de nos ports, que nous arriverons à développer et à renforcer notre vie maritime ; les étrangers attirés chez nous joueraient moins le rôle de concurrents que de pionniers des Compagnies françaises ; ils commenceraient par apporter et par prendre les marchandises aujourd'hui dédaignées par celles-ci, qui, une fois les voies ouvertes, n'auraient plus qu'à en profiter pour elles mêmes. Que de fois ce fait s'est produit !

Les Anglais n'ont-ils pas été les initiateurs des lignes aujourd'hui si prospères de la Chine, de l'Australie, de Zanzibar et de la Côte-orientale d'Afrique ? N'avons nous pas été, pendant de longues années, tributaires des étrangers pour nos relations avec la Côte-occidentale d'Afrique, aujourd'hui desservie par deux Compagnies françaises, dont une postale ?

On serait, par contre, en peine de citer les lignes françaises obligées de céder le pas à la concurrence étrangère.

Par un droit de quai rationnel, basé sur le tonnage réel manipulé, permettez à tous les pavillons de venir relier notre port avec des pays aujourd'hui inconnus à nos armateurs, et vous verrez que ceux-ci, une fois les relations régulièrement établies et développées, n'hésiteront pas à croquer les marrons que d'autres auront pour eux tirés du feu.

La théorie américaine qui consiste à créer un chemin de fer, non pour relier deux villes existantes, mais pour les faire naître, est absolument vraie pour la navigation.

L'exemple suivant le prouve :

Il y a quelques années, Lisbonne et Marseille étaient sans communications directes. Or, la municipalité de Lisbonne, ayant à exécuter des travaux d'adduction d'eau, s'adressa à une usine française pour la fourniture des tuyaux de fonte nécessaires ; plusieurs vapeurs furent successivement affrétés pour le transport de ce matériel, qui fut chargé à Marseille.

Les affréteurs eurent l'idée d'utiliser le vide des tuyaux, qui étaient de fort diamètre, en le garnissant de marchandises diverses ; un courant d'affaires fut ainsi créé et devint assez important pour tenter la Compagnie Navale de l'Ouest. Elle fit dès lors de Lisbonne une de ses escales régulières, et s'en trouve très bien.

Nous ne saurions trop le répéter : si nous continuons à piétiner sur place, nous mourrons d'une mort plus ou moins lente, mais sûre ; aussi ne devons-nous pas nous laisser guider par des considérations secondaires, mais voir les choses de haut, et agir énergiquement.

Ce cas n'est pas isolé, il se renouvelle constamment, et deviendra d'autant plus fréquent que l'essor de notre commerce général sera plus encouragé.

Nous l'avons dit, l'opinion est à peu près unanime que la réforme de la loi de 1872 sera, sinon la panacée universelle, au moins un des remèdes nécessaires pour sortir du marasme dont nous souffrons. Nous n'avons trouvé, dans les avis qui nous ont passé sous les yeux, qu'une seule note discordante, émanant du Syndicat Marseillais de la marine marchande, et encore n'est-elle pas bien nette et bien concluante. On a l'impression que le rapporteur se sentait gêné en l'émettant, et que tout en prêchant « pro domo suâ » il avait au fond quelque doute sur la valeur de son argumentation, non seulement au point de vue de l'intérêt commun, mais même à celui de l'intérêt particulier qu'il défendait. Il a bien insinué, comme en hésitant, qu'il serait volontiers porté à demander le maintien pur et simple de la loi de 1872, à laquelle il reconnaît le mérite de constituer pour l'armement national *une sorte de barrière, compensation aux inconvénients de la situation géographique da la France,* mais il n'a pas osé appuyer sur cette hérésie, et, en fait, a admis que malgré *les sages dispositions* de la législation actuelle, elle soit amendée dans le sens d'une atténuation des charges pesant sur la navigation d'escales.

Il y met cependant deux conditions :

1° Que la situation des navires français ne soit pas aggravée par rapport à celle de leurs concurrents étrangers.

2° Que la nouvelle loi ne soit pas applicable aux navires des pays qui ne traitent pas notre pavillon sur le même pied que le leur.

Nous estimons que les deux conditions posées sont réellement remplies par la loi nouvelle, telle qu'elle a été votée par la Chambre des Députés.

En effet :

Première condition. — Le rapporteur s'exprime en ces termes :

« Il faut partir de cette vérité d'expérience que le navire
« français revenant à son port d'attache, rentre, on peut le dire
« toujours, avec son plein chargement.

« Il paiera donc, en tout état de cause, le même chiffre que sous
« le régime de la loi de 1872, maximum fixé.

« Prenons un navire long courrier de 2000 tonnes de jauge
« nette, entrant plein à Marseille, et ressortant à cause de la
« rareté du fret de sortie, avec 500 tonnes seulement ; il paiera
« 2.000 francs.

« Considérons, par contre, la situation faite au navire italien,
« qui, se rendant de Gênes au Brésil par exemple, fera un léger

« détour sur Marseille, pour y embarquer la même quantité de
« 500 tonnes. Supposons qu'il ait pris à Gênes pour Marseille
« 150 ou 200 tonnes, — c'est tout ce que le faible trafic entre ces
« deux points peut donner, — ce navire paiera pour les 500 ton-
« nes embarquées à raison de 0 fr. 65 la tonne, soit fr. 325.

« Ainsi, le navire étranger paiera 325 francs, et le navire fran-
« çais 2.000 francs.

« Il est vrai que celui-ci aura débarqué tout son chargement
« d'entrée, mais il eut payé de même 2.000 francs sous l'empire
« de la loi de 1872. Or, en même temps, en vertu de cette loi in-
« prêtée dans un esprit fiscal par la Douane, le navire étranger
« aurait payé 1.000 francs au lieu de 325, — »

Cet argument nous paraît pécher par la base, et ne rien prouver
du tout au point de vue qui nous occupe.

Le navire long courrier français de 2.000 tonnes pris pour
exemple a payé à l'entrée 2.000 francs de droits, c'est parfait ;
mais il est arrivé avec un plein chargement, c'est-à-dire avec un
maximum de recette, et, dans l'établissement de son frêt, l'armateur a nécessairement tenu compte de cette taxe, prévue, fatale,
immuable, quel que doive être le frêt de sortie subséquent ; la
dépense qu'elle représente se trouve donc complètement couverte
et éteinte aussitôt le débarquement terminé, et lorsque le navire
se remettra sous charge il inaugurera une nouvelle opération,
avec cet avantage qu'il ne paiera pas un centime à l'embarquement, quelle que soit la quantité de marchandises qu'il prenne.

Quelle sera comparativement la situation du navire italien se
rendant de Gênes au Brésil, et faisant escale à Marseille ?

Partant de la même vérité d'expérience que pour le navire français, il faut admettre que le navire italien sera, lui aussi, rentré à
son port d'attache, Gênes, avec son plein chargement. Il aura donc,
tout comme le français, payé à l'entrée le maximum des droits,
encaissé le maximum de frêt, et éteint les dépenses par les recettes. Les deux navires se trouvent dès lors, aussitôt leur débarquement terminé, exactement sur le même pied. Mais si, repartant
pour un nouveau voyage, l'Italien désire passer par Marseille
pour y prendre 500 tonnes de marchandises pour le Brésil, il lui
en coûtera :

Francs 325, — de droits de quai ;
Plus :
Les droits sanitaires,
Le pilotage,

Le charbon consommé pour le déroutement,

La perte de temps du dit déroutement,

Les honoraires du courtier maritime et de l'agent, tous frais dont le français, pour un même embarquement de 500 tonnes, sera absolument exempt.

Voilà le vrai point de comparaison, le seul logique.

Il ne s'agit pas, en effet, d'évaluer la somme qu'aura à payer un navire de telle ou telle nationalité sur tel ou tel point, indépendamment des autres, mais l'ensemble des charges qui grèveront sa navigation. — En d'autres termes, il s'agit de savoir si l'application de la nouvelle loi mettra le navire français dans un état d'infériorité vis-à-vis du navire italien ? Nous avons prouvé le contraire, et dans l'hypothèse que nous avons examinée, après le rapporteur du Syndicat de la Marine Marchande, il est évident que si un seul lot de marchandises se présentait à Marseille pour le Brésil, le navire italien, grâce aux frais qu'il aurait à supporter et dont le navire français serait exonéré, ne pourrait pas songer à venir le lui disputer à prix égal

Par conséquent de deux choses l'une :

Ou il ne prendra que la marchandise dédaignée par le français;

Ou il se contentera d'un fret plus réduit, ce dont le commerce ne se plaindra pas.

Deuxième condition. — Que la nouvelle loi ne soit pas applicable aux navires des pays qui ne traitent pas les navires français comme leurs nationaux.

Rien de plus juste que cette réserve, mais elle ne porte pas, pour le moment du moins, et n'aurait sa raison d'être que si dans l'avenir la législation de tel ou tel pays étranger était modifiée. Actuellement, en effet, tous les états européens traitent, au point de vue qui nous occupe, notre pavillon et le leur sur le pied de la plus parfaite égalité ; les réductions accordées en Belgique pour les voyages réguliers, les facilités d'abonnement qui existent en Italie, s'appliquent indistinctement aux navires de toutes nationalités.

Les exemples cités par le rapporteur ne prouvent qu'une chose, c'est que la taxe est plus élevée en Italie qu'en France ; si nous les rapportions à l'Allemagne, il en ressortirait que les ports allemands sont en ce moment meilleur marché que les nôtres. Mais, quelle que soit la taxe dans tel ou tel pays, comparativement à celle qui existe en France, le traitement est le même pour tous, et nous ne pouvons demander davantage.

Nous sommes absolument d'accord avec le Syndicat Marseillais (et nous le déclarons avec d'autant plus d'empressement que notre avis sur ce point n'a jamais varié) pour demander que l'on taxe séparément les marchandises débarquées, et les marchandises embarquées, sans établir un compensation entre les deux opérations, avec la seule restriction que l'ensemble des droits payés, ne dépasse pas ce qui aurait été dû sous l'empire de la loi de 1872.

Par ce procédé, plus d'ambiguité possible ; chaque opération est nettement définie, et la taxe, soit au long cours, soit au cabotage, qui peut varier à l'entrée et à la sortie, facile à déterminer.

Nous pensons en effet que la seule base équitable de perception est l'ensemble du trafic qui laisse un profit à l'armateur.

Le Syndicat Marseillais voudrait faire entrer la jauge du navire parmi les éléments de calcul.

Ici, nous nous séparons absolument de lui, et nous avouons même ne pas très bien saisir la portée, l'avantage, et même le mode d'application de ce système, qui n'aurait pour effet que d'embrouiller les choses et de provoquer des anomalies dont l'auteur du projet ne s'est évidemment pas rendu compte.

Pour expliquer sa théorie que « *la taxe doit être fonction du tonnage de jauge* », le rapporteur du Syndicat indique qu'un mouvement de 500 tonnes de marchandises n'a pas la même valeur *relative* pour un navire de 1000 tonnes que pour un navire de 4000 tonnes de portée, et que ce dernier faisant une opération proportionnellement moins lucrative, doit payer moins.

Par conséquent, d'après lui, plus le navire est gros, moins il doit être taxé pour une quantité égale de marchandises.

Voyons si, dans la pratique, nous arriverions à ce résultat par l'application de son projet ainsi conçu :

« Si le navire a débarqué et embarqué un nombre de tonnes « métriques (1000 k.) représentant ensemble plus de la moitié de « sa jauge nette, la taxe sera de un franc par tonneau de jauge « nette du navire ;

« Si le total des tonnes métriques débarquées et embarquées « représente plus du quart de la jauge nette, et moins de la moitié, « la taxe sera de 0 fr. 50 par tonneau de jauge nette du navire ;

« Si le total des tonnes métriques débarquées et embarquées, « représente plus du dixième de la jauge nette, et moins du quart, « la taxe sera de 0 fr. 25 centimes par tonneau de jauge nette du « navire. »

Supposons un ensemble de 400 tonnes métriques débarquées et

embarquées ; voici les résultats auxquels nous arrivons, suivant la jauge du navire qui fera la double opération.

JAUGE	TONNAGE		TAXE	SOMME
600 qx	400 T.	Plus que 1/2 de la jauge........	F. 1 »	F. 600 »
700 »	400 »	d°	« 1 »	» 700 »
800 »	400 »	Moitié de la jauge	?	?
900 »	400 »	Plus que le 1/4, moins que 1/2..	F. 0 50	» 450 »
1000 »	400 »	d"	» 0 50	» 500 »
1500 »	400 »	d°	» 0 50	» 750 »
2000 »	400 »	Plus que le 10e, moins que le 1/4	» 0 25	» 500 »
2500 »	400 »	d°	» 0 25	» 625 »
3000 »	400 »	d°	» 0 25	» 750 »
3500 »	400 »	d°	» 0 25	» 875 »
4000 »	400 »	Dixième de la jauge..........	?	?

Y aurait-il rien de plus fantaisiste ? Où serait le rapport constant préconisé entre les éléments du calcul ? Comment arriverons-nous à l'application du principe que plus le navire est gros, moins il doit payer pour un tonnage égal ? Le tableau montre en effet qu'alors qu'un navire de 900 tonneaux de jauge payerait 450 fr., un navire de 3.500 tonneaux de jauge, paierait 875 fr. pour une même quantité de marchandise !

D'autre part, supposons un navire de 2000 tonneaux de jauge : S'il manipule 1050 tonnes de marchandises, c'est-à-dire plus de la moitié de sa jauge, il payera un franc, soit 2000 fr. ; s'il manipule 100 tonnes de moins, c'est-à-dire 950, soit moins que la moitié de sa jauge, la taxe qui lui incombera sera réduite de *moitié* et tombera à 1000 fr.

Une pareille base de taxation est-elle admissible ?

Faisons remarquer en passant que nous ne savons pas, dans les exemples que nous avons donnés, dans quelles catégories de taxes placer les navires de 800, de 1600 ou de 4000 tonneaux de jauge, pour les 400 tonnes manipulées, non plus que le navire de 2000 tonneaux de jauge, s'il manipule 1000 tonnes, la proportion entre le tonnage et la jauge étant exactement du dixième, du quart et de la moitié, et l'article de loi proposé ne visant que le plus ou le moins de ces rapports.

Mais ceci n'est qu'un détail : l'important, est de ne pas compliquer les choses à plaisir ; lorsqu'on a un problème à résoudre, la solution la plus simple est la meilleure ; nous voulons attirer le plus grand mouvement possible de navires et de marchandises dans nos ports, faisons le nécessaire pour cela, sans nous préoccuper de la dimension plus ou moins grande des navires qui alimenteront ce mouvement ; qu'ils viennent, et petits, moyens ou gros, nous les accueillerons avec joie et profit.

On a paru craindre dans certains milieux que si l'on admettait le principe de la taxation sur la tonne de marchandise sans faire entrer en ligne de compte la jauge du navire, il pourrait en résulter que les armateurs en prissent texte pour arguer que la marchandise et non le navire devant supporter cet impôt, il y avait lieu de l'ajouter au fret.

Nous ne croyons pas que cette objection ait été mûrement réfléchie : sous quelque forme qu'elle se présente, la taxe fera partie des charges de la navigation, dont les armateurs ont à tenir compte dans l'établissement de leur fret ; elle sera donc nécessairement comprise dans celui-ci, comme le sont toutes les dépenses leur incombant. comme l'est aujourd'hui le droit inscrit dans la loi de 1872.

Mais autre chose est de *comprendre dans le fret, et d'ajouter au fret.* Or, comment admettre qu'un armateur, s'il a déjà compris la taxe dans le calcul de son fret, ait de plus la prétention de l'ajouter sur le connaissement ? En supposant même qu'il en fût tenté, il serait bien vite arrêté par la concurrence. Le fret, comme toute marchandise, est le résultat de l'offre et de la demande, et il ne suffit pas de vouloir l'augmenter ou le surcharger pour trouver preneur.

Cette vérité nous paraît si lumineuse que nous ne nous attarderons pas à la mettre en relief par des exemples, nous contentant de faire remarquer que, pour les ports d'Espagne, où les droits de quai sont perçus sur la tonne de marchandise, les armateurs ont toujours supporté cette taxe, sans songer à l'ajouter sur le connaissement en sus du fret.

Nous croyons avoir démontré que notre commerce général, que le commerce local des ports (fournisseurs et réparateurs de navires, courtiers maritimes, agents consignataires, ouvriers, etc.,) que les industries particulières, et notamment celle de l'armement, n'auront qu'à gagner à la réforme de la loi de 1872. Ajoutons qu'à notre avis, le Trésor y trouvera également son bénéfice.

Le régime actuel a en effet diminué ses recettes ; plusieurs grandes Compagnies et lignes particulières qui visitaient autrefois nos ports les ont abandonnés ; la Pallice a perdu l'escale de la Norddeutscher Lloyd et de la Pacific Steam Navigation Co, Marseille celles de la Nederland, de la British India, de l'Orient Line, de la Transatlantique Espagnole, etc., etc. Parmi les Conpagnies précitées, la Pacific payait autrefois à elle seule 75.000 francs par an de droits de quai ; en 1892 cette recette était tombée à 1207 francs ! On peut juger par cet exemple ce qui s'est passé pour les autres.

Les bateaux qui nous ont délaissés n'attendent que l'occasion de reprendre leurs anciens services, et nous sommes certains que le Trésor y trouvera son compte, grâce à la multiplicité des opérations qui en résulteront.

CONCLUSIONS.

Partisans très convaincus et très énergiques de la nécessité absolue, dans l'intérêt de tous, de réviser la loi du 30 janvier 1872 nous proposons la formule suivante :

ARTICLE PREMIER. — Il sera perçu pour droits de quai une taxe de 1 fr. 25 par tonne métrique (1.000 kil.) de marchandises, par tête de bétail, et par voyageur, débarqués de navires de tous pavillons, venant de l'étranger, des colonies ou des possessions françaises autres que l'Algérie, et par tonne métrique de marchandises, par tête de bétail, et par voyageur, embarqués pour l'étranger, les colonies ou les possessions françaises autres que l'Algérie.

Cette taxe sera réduite à 0 fr. 65 pour les navires venant des ports ou se rendant dans des ports situés dans les limites du cabotage international, telles qu'elles sont établies par l'article premier de la loi du 30 janvier 1893 sur la marine marchande.

Elle sera exempte de tout centime additionnel.

Les bagages des passagers, y compris les petites provisions de voyage qu'ils ont avec eux, ne seront pas comptés dans l'évaluation des marchandises débarquées ou embarquées.

En cas d'escales successives, le navire ne paiera dans chaque port que proportionnellement au tonnage des marchandises, au nombre des voyageurs ou des têtes de bétail qui y seront débarqués ou embarqués.

La navigation entre la France et l'Algérie sera exempte de la taxe ci-dessus établie.

ART. 2. — En aucun cas le total du droit à percevoir sur un

navire, pour un voyage, même si ce voyage comporte plusieurs escales, ne devra dépasser le montant du droit qui aurait été exigible en vertu de la loi du 30 janvier 1872.

Art. 3. — Les articles 1 et 2 ci-dessus sont applicables à l'Algérie.

Un règlement d'administration publique déterminera les mesures de détail nécessaires à leur exécution, notamment en ce qui concerne le mode d'évaluation du poids des marchandises dont il convient d'éviter le pesage.

Art. 4. — Sont abrogés :

L'article 6 de la loi du 30 janvier 1872.
Les lois des 20 mars 1875 et 12 mars 1877.
L'article 7 de la loi des Finances du 29 juillet 1881.
L'article 14 de la loi des Finances du 28 décembre 1895.

LA COMMISSION.

Ce rapport entendu, la Chambre syndicale l'adopte, le convertit en délibération et décide son impression et son envoi à M. le Ministre du Commerce, à MM. les Sénateurs et Députés de Marseille, ainsi qu'à MM. les Sénateurs membres de la Commission sénatoriale.

Le Président,
C. FERRIER.

Ce rapport était terminé lorsque la Commission des Finances du Sénat a adopté une formule nouvelle. Nous nous permettrons de faire remarquer que cette décision a été prise sur le rapport présenté par une sous-Commission composée d'armateurs et de représentants de Chambres de commerce des Ports. Nous aurions voulu qu'il y fut adjoint des défenseurs du commerce général français de transit, d'importation et d'exportation, qui paraît de plus en plus être considéré comme une quantité négligeable.

www.ingramcontent.com/pod-product-compliance
Lightning Source LLC
Chambersburg PA
CBHW050440210326
41520CB00019B/6004